LIFE AND LAUGHTER
ON THE OTHER MAN'S GRASS

LIFE AND LAUGHTER ON THE OTHER MAN'S GRASS

By Veronica Green

WTL INTERNATIONAL

LIFE AND LAUGHTER ON THE OTHER MAN'S GRASS

Published by
WTL International
930 North Park Drive
P.O. Box 33026
Brampton, Ontario
L6S 6A7 Canada

www.wtlipublishing.com

Cataloguing data available from
Library and Archives Canada

978-1-927865-02-6

Printed in the USA

Acknowledgement

I give thanks to God who gave me the ability to express my experiences and those of others in this format.

Thanks to my three children, Keisha, Karim and Karimah for being the first ones to listen to each of my new creations and offering their advices here and there. Thanks for your love and support.

Thanks to the other members of my family, my in-laws, and especially my sisters who were there to listen and give encouragement.

Thanks to my group of immigrant Brampton friends who were willing to share their experiences and listen as I recited my verses at the many holiday gatherings we had. Thanks to my co-workers and other friends who asked for personalized dialect verses for special birthdays and other occasions.

Sharon Knight, thanks for the helpful hints which gave me the perfect endings to many of these verses.

Last but not least, thanks to Aisha Hammah of WTL International for publishing this, my first book. Aisha is so quiet and soft-spoken, yet with her professional publishing directions and guidance we got it done.

Table of Contents

Introduction

We have all heard the saying, "The grass is always greener on the other side of the fence." Canada has always opened its doors to immigrants who arrive on the premise that the grass is greener as opportunities exist for a better life.

I came to Canada in 2001 and settled in the Greater Toronto Area. I have had the opportunity to sit and talk with so many immigrants and I found that they all had a story to tell, whether it was about their first winter, finding a suitable job or coping in a new workplace. Many of the stories were so similar that I thought it would be good to capture them in poetry, and not just ordinary poetry, but poetry with the colour and flair of the Jamaican dialect.

The late Jamaican, the Honourable Mrs. Louise Bennett-Coverley, spent her later years here in Canada. She was known for taking the Jamaican dialect across many nations. These days, the dialect seems to be losing its place as many young Canadians of Jamaican parents are unable to read and understand the language.

The poems presented in this book have been written to offer some amusement and also to reintroduce the Jamaican dialect to those who can connect and understand. They are also for those who are new to the language and who want to learn more.

Although the stories being told are true, real names have been withheld to protect the privacy of those involved. All names used are fictitious and were created by the author.

I hope there will be many readers who are able to have a good laugh as they identify with the stories relayed in these dialect verses.

ᎧᎡ

For words ending in the letter "i"
such as "di," "fi," "mi" and "shi,"
use the short "i" pronunciation
as in "dip," "fin," "mix" and "ship"
rather than the long "i" pronunciation.

ᎧᎡ

Cell Phone Evryweh

A wanda wah ole-time people use to duh
Before dem avv internet an cell phone
Dem still use fi kip een touch wid wan anadda
When dem did ongle gat postman alone

Mi is all fi technalagy an all fi change
Cell phone is a good ting fi emergency
But now evrybaddy haffi avv cell phone
An it a create total dependency

Some people a walk an talk pan di road
An naa pay wan bit af attenshan
To car, truck, bus ar weh dem a guh
Far, dem deep inna convasayshan

Yuh tek di bus an dem een deh a talk
Nat wan ting dem cansidda private
Dem mek yuh 'ear dem whole life story
An dat is a dungright dutty habit

Pickney inna school avv dem own
An all dem waan fi duh is talk an tex
Very soon di shaat words dem learn fi use
Gwine bi inna di dictionary nex

Man a drive car an a talk pan phone
Is nat a very wise ting fi dem duh
Far, nuff accident an det muss did cause
Fram dem talking, driving an texting too

People did staat fi look physically challenge
Shollda an neck hook up pan di leff ar di right
Far, di cell phone cyaan move at all fram dem aise
Dem haffi deh pan it a talk all day an night

Nowadays dem avv wah name Bluetooth
Teet fi yuh aise an nat fi yuh mout
Yuh nuh haffi hole yuh phone inna yuh han
Now yuh drive wid less tings fi worry 'bout

Tank Gad fi di law dat change all dat
Di advice is fi drive an nuh badda wid di talk
Kip it private an look weh yuh a guh
Fi oonoo people weh tek bus ar haffi walk

Cigarette Smoking

Mi nuh intend fi offend nuhbaddy
But mi cyaan stan di smell a cigarette
An ef mi walk pass yuh an mi smell it, mi dear
Immediately mi staat feel shaat a bret

Dem seh seckan-han smoke nuh good fi yuh
It cause nuff people fi sick an more fi dead
It cause di dreaded lung cancer disease
An people still nuh get dat inna dem 'ead

All pickney anda age a smoke it
An dat is a very illegal ting fi dem duh
A wanda who buy dem di cigarette
A hope a nuh anybaddy dem related to

Far, dat woulda bi a dungright wicked ack
A yuh owna pickney yuh a try fi kill
Gwaan kill yuhself as wan adult smaddy
Lef dem fi grow up an choose at dem will

Mi glad when dem pass di new law seh
Noh more smoking inna yuh house ar inna yuh car
Especially ef yuh avv very likkle pickney
Dat is di bess law dem mek by far

All when it cole an yuh pass some affice
Yuh si dem stan up a di building side
Crouch dung, wrap up cigarette een han
A puff smoke like train an full a pride

Some seh it mek dem eat less an kip tin
Far, di smoking help kip dung dem weight
But all yuh haffi duh is eat good, 'ealthy food
Plan yuh meal right an stick to a diet

Den all like mi weh look rung een di miggle
Mi fi staat smoke fi get slim an look trim
Why add more risk to mi life an mi 'ealth?
Betta mi guh run up an dung or jine a gym

Mi hope an pray di day will come
When dem stap mek all dem cigarette
People stap smoke an wi nuh haffi worry
'Bout seckan-han smoke an cancer det

Customs an Immigration

When laas yuh tek wan airplane?
When laas yuh guh tru immigration?
Yuh nuh si how tings very different
Wid all di tings dem a check up pan?

Ef yuh a travel fram di U.S. to Canada
Ar yuh a come fram di Caribbean
Wah yuh bring out an wah yuh bring back
Haffi satisfy dem a immigration

Mi daughta shi come spen Chrismus wid mi
An fine out 'bout wi West Indian grocery shap
An all weh shi cyaan fine inna Merica
Shi a stock up an buy fi carry dem back

Suh mi help har pack di beef patty dem
Some tin ackee, saltfish an sweet biscuit
Tek har to di airport fi ketch har flight back
An check mi car dat nuttin' nuh leff inna it

Tree owas later mi phone staat fi ring
An when mi ansa mi knoah sinting nuh right
Far, di scream an bawl shi let out pan mi
Mi coulda more dan guess what was fi har plight

Shi seh, "Mommie, dem tek weh mi tin ackee
Dem seh mi nuh allow fi carry dem deh bran
An ef mi nevva stan up an argue wid dem
Dem woulda tek di patty dem outta mi han

"Suh di saltfish dem leff inna di suitcase
Mi nuh knoah how dem nevva did smell it
But mi did wrap it wid nuff nuff paypa
An dem nevva touch none a mi sweet biscuit"

Ef mi did knoah dem a guh tek weh di ackee
Mi woulda did kip dem a mi yaad fi miself
Fi dem deh price dem woulda nevva get rotten
Dem wouldn't laas noh time pan mi kitchen shelf

Yuh cyaan please dem yah immigration people
Wan time yuh carry sinting an is ahright
Di nex time yuh travel evryting change pan yuh
Suh try knoah di law before yuh tek a flight

Di Local Transit

Who memba downtown an Parade?
Who use to travel pan di JOS bus
Wid conducta an conductress a di door
A collek yuh fare an gi yuh ticket fuss?

Who memba when dem miss wan bus
Juss because yuh reach di bus stap too late?
An how yuh haffi stan up till yuh tyad?
Far, afta wan owa yuh still di deh a wait

Ar yuh too young an can ongle memba
Di likkle minibus dem pan di road
A fly like rocket pass yuh when dem full
An naa pay attenshan to any road code

Yuh memba how di bus dem woulda pack up
Nat even standing space fi mek yuh breed
An di speed di minibus dem speed pan a kaahnah
Mek yuh hole awn tight pan any seat

Ef yuh well waan fi reach yuh destination
An yuh tyad fi siddung an tyad fi wait
Bus nuh full wi' change route pan yuh
An wi' all tun 'roun' back an mek yuh late

Mi love di bus dem inna Brampton
Mi nevva si bus run empty suh yet
Very rarely yuh fine wan too crowded
An as yuh miss wan dere is anadda fi get

Dem yah bus full a empty seat, mi dear
Yuh can, pick, choose an refuse fi siddung
More space inna dem all di time yuh tek wan
Yuh can guh a back, front an freely spin rung

Nat even taxi a Jamaica spacious suh
Yuh can rest yuh baggage all pan di seat
An yuh nuh haffi worry seh smaddy a guh ask yuh
Fi tek it up, mek dem ress dem feet

Suh ef mi avv fi tek a bus any mawnin'
Fi get to wuk is wan lang lang way
Mi juss ask di driver fi wah dem call a "transfer"
An ongle wan fare mi haffi pay

Yuh tink di local bus service is profitable
Ef dem gwaan run empty dem can manage
Dem betta gi weh some to wi country, Jamaica
Fi help ease di transportation shaatage

Dat way dem nuh avv all dat expense
Wid all dem deh empty bus pan di road
Jamaica woulda nevva refuse fi tek dem
Suh bus can run an nuh haffi ovaload

Di Wig Drap Aff

False hair plentiful nowadays, eeh?
Even inna church it deh, mi dear
Sometimes yuh wanda fram di chice a culla
Ef dem a match up wid di close dem wear

Dis week yuh si wan sista wid har hair
Lang, curly, black an pan har shollda
Nex mont it brown, shaat an straight
Yuh haffi look good ef is a strainja

A di same wearing af plenty false hair
Nearly cause big laff wan Sunday mawnin'
When di sista a lead di praise an worship
An har wig fall aff widout any wahnin'

Shi did a gwaan good wid di leading
Suh shi clap, an jump, an rack, an praise
Shi walk pan stage fram leff to right
An di wig a move up an dung har aise

Shi did suh busy a enjoy di singing
Shi nevva feel di wig a tun rung an rung
All shi did a move shi nevva feel it
Till di wig drap before har pan di grung

Shi look crass pan di piano player
Wid embarrasment all inna har face
Fi 'im expreshan nevva show noh sympatty
Nat even wan tiny likkle trace

Yuh si, di piano player did always a tell har
Yuh muss listen to mi as yuh church bredda
Puddung di wig an all di false-hair-wearing
Far, yuh natral hair look much much betta

Shi look pan a sista dung inna di pew
Har mout move an seh, "Doan worry at all"
Suh shi grab di wig an put it back pan har 'ead
An pretenn like it nevva did even fall

Di good ting is fi wi church people very holy
Far, nat wan smaddy did laff ar even caaf
Ongle wan likkle bwoy grab 'im faada an shout
"Daddy, Daddy, look, her hair just fell off"

Suh when di nine a'clack service done
Shi grab all di hairpin dem shi coulda fine
An when shi done pin dat wig pan fi har 'ead
Nat a shakin' coulda get it out a line

When church done har coach, di deacon, remind har
Dat di same ting did happen a play saafball
Shi reach fuss base an har 'ead did feel light
Far, fram shi staat fi run di hairpiece did fall

Suh ladies, mi nuh avv nuttin' 'gainst false-hair-wearing
Mi did feel suh sarry fi di likkle young miss
Now mi hope shi done wid di false-hair-wearing
An mi hope oonoo learn a good lesson from all a dis

Double Word Talking

Nuff people a talk 'bout fi wi talking
How it expressive an even musical at dat
Mose af all dem fine it funny ar jokey jokey
How wi double word talk when wi a chat chat

Far example, ef yuh laas an ask fi direction
Ef yuh nat near near weh yuh waan fi guh
Den di place is nat juss juss 'roun' di kaahnah
Yuh avv far far more fram right deh suh

When smaddy beggy beggy an ask fi sinting
Nuh badda han dem wan ar ongle two
Is nuff nuff more dan dat dem waan fram yuh
Far, wan wan af anyting is juss too few

Wi love nice close wid plenty plenty colours
But wi nuh like it fi bi too bright bright
Ar else wi tink it too pretty pretty fi wear
An dash it weh, far it nuh look too too right

Even when wi shaaten wi pickney dem name
Ef is Shaniece wi call har Shan Shan
And ef wi call di bwoy pickney Ry Ry
Den 'im rightful name is surely Ryan

An pickney weh shed tears as yuh touch dem
Too bawly bawly an easy fi cry cry
An ef dem nuh chatty chatty wid evrybaddy
Wi seh leff dem a suh dem shy shy

Wi bwoy pickney nuh fi avv too much girl fren
'Im fi sekkle dung an nat bi girly girly
Nice young ladies nuh fi love man man
Dat is ungadly an too worlly worlly

Even when wi talk 'bout some a wi food
Dem haffi come straight straight from di pot
Lemonade an wata haffi serve cold cold
Soup an tea haffi serve hot hot

Den when wi done cook wi haffi scowa scowa di pat
An wi all knoah good good juss wah dat mean
When wi look pan it afta it done wash
It muss a dazzle an look clean clean

A wanda weh wi inherit di double word talk fram
A wanda ef a fram England ar Africa
Dat kine a talk a nuh di Queen's English
Dat is improper gramma an mostly patois

When adda people talk dem woulda use di word "very"
Fi mek yuh know is to a high degree
Wi love fi express an fi emphasize een wi talking
An di double word talk is wah wuk fi wi

Dressing Culcha

I liff mi hat to all dem bizniz place
Weh di staff dem dress like dem avv a profession
Far, when summa come, some affice people
Look like dem ready fi wan "dancehall" session

Winter is nice, far yuh haffi kip warm
Suh yuh wear nice swetta, nice jacket an coat
But as spring come an it look like summa
Is like evrybaddy get mad an dem brukoat

Halta back, strapless an sleeveless tap
Sharts, miniskirt, pedal pusha ar capri
Man widout shut a walk inna 'im yard
Dem seh dem hat and haffi dress loose an free

Mi nuh get use to dis yah dressing culcha
Skirt suit ar pantsuit is fi mi affice wear
Noh jeans an T-shirt ar anyting yuh feel like
Business-casual is di least ef yuh care

Das why mi did like wukplace inna Jamaica
Evrybaddy look di same pretty, smart way
Far many affices, uniform was di right ting
An den yuh can dress up pan a Friday

No matta how sun did mek di day hat
Skirt ar pantsuit wear wid stackings andaneat
Man inna dress pants wid nice shut an necktie
Ar dem feel andadress ar incomplete

Inna fi wi lifestyle an fi wi culcha
Wi avv clothes fi all different occasion
Wuk, yaad, church, school, party, even supermarket
Dat way wi look different as much as wi can

Een Jamaica some schoolgirl wear white blouse wid tunic
Yuh know di school dem guh as dem all look di same
Some bwoys wear khaki suit wid school colour eppahlet
Suh dere is noh pressure fi clothes wid fancy brand name

When mi did younga mi madda did tell mi seh
Ef yuh dress good yuh "anda tings" should nevva show
Nowadays di way dem mek di clothes dem stingy
Nuff tings expose an body parts out-a-doah

Di bwoy dem pants a heng dung a dem knee
Noh belt nuh deh fi kip up di pants a dem waist
Suh dem wear lang shut fi covva up di andapants
But fi watch how dem walk is a real funny case

Mi naa ask fi dem change dem dressing culcha
Mi juss tink fi save the nakedness fi guh out at night
Dress like professional, bi nicely put togedda
Mek yuh close fi wuk an school look modest an right

Infaamah

Infaamah a Jamaica is a plain infaamah
Inna Canada dem call it "civic duty"
When yuh neighbah ar anybaddy duh any wrang
Juss call an tell di right authority

Mi naa seh people fi duh wrang an bruk di law
No, dat is nat very responsible behavia
But use likkle common sense an judgement, nuh
Before yuh call an report yuh neighbah

Like mi daughta fren come fi har fi dem guh shopping
An shi stap behine wi driveway fi come seh shi deh 'ere
By di time shi come outta di house fi leave
Parking authority a wait fi tell har shi cyaan park dere

Mi builda pave mi driveway an nevva gimme noh notice
Suh mi come home late an park pan di street
Nevva memba fi call fi get permishan fi park
Ongle fi fine mi vehicle well tag wid parking ticket

Dem seh when yuh park inna yuh driveway
Mek sure yuh tiyah nuh touch di govament sidewalk
Far, is obstruction yuh a create an cause fi dem
An ef yuh nuh waan pay di fine den guh a court guh talk

Sometimes mi feel a smaddy call an tell dem
Mi juss nuh feel like all dat is really fair
Far, di wan time mi slip an duh sinting wrang
Is di very time di authority come check right dere

Mi nuh live bad wid mi neighbah
Suh why dem woulda call an mek report pan mi?
Well, dem naa ketch mi slip up anytime again
Suh as infaamah dem can galang duh dem civic duty

Mannahs Pan di Jab

Dere is wan saying, "Mannahs goeth a far way"
Anadda wan is, "Mannahs maketh a man"
Yet, still some kind a Canadian mannahs an behavia
A give mi a haad time fi andastan

Wan mawnin' dem greet yuh oh suh nicely
Nex mawnin' dem pass yuh like yuh nuh exiss
Den, ef yuh buck dem up ten time inna di day
Is ten "hi" like yuh juss come inna di affice

Den, dem nuh fraid fi ask yuh any question
Even doah mi tink a faas dem very very faas
Far, a nuh evrybaddy mi tell mi life story
An ef mi nuh feel fi chat den noh badda yuh ask

Dere is always, "Did you have a nice weekend?"
Is nat, "Good morning" ar, "How do you do?"
An ef di ansa is "yes" ar wedda is "no"
Di follow up is, "So what did you do?"

Ef is faas dem faas ar trying to bi nice
Mi nevva sure suh mi always seh, "Oh, it was fine"
An when di, "So what did you do?" come out a di mout
Mi ready wid di ansa, "Same as all di time"

Lunchtime, dem always waan fi knoah
"What are you eating? Is it a speciality dish?"
Yuh tink mi avv time fi name all a mi food dem
Like mi dumpling, plantain, ackee an saltfish?

Sometimes fram di way dem ask di question
Yuh knoah dem waan yuh fi offa wan likkle tase
But di way dem allergic to all kine a tings
Dat is wan problem mi noh waan fi haffi face

Figet mi lunch wan day an hungry like dawg
Suh mi decide fi guh buy lunch out di street
Carry mi scandal fi hide wah mi buy a di place
'Ear wan lady, "So what did you get to eat?"

Mi dear, di ooman ben ova like shi ready fi peep
Inna mi bag weh mi a try very haad fi hide
Den all kind a answer pass tru mi mine fi tell har
But a juss seh, "When I open it, you will see what's inside"

A nuh evryting good fi eat good fi talk
Wi people seh, "Howdy an tenky nuh bruk nuh square"
Mi nuh antisocial ar unkind, mi is a nice smaddy
But dem deh mannahs mi juss nuh andastan, mi dear

Mi Unemployed Nephew

Mi phone a ring an mi naa ansa it
A nuh credita, far mi nuh owe nuhbaddy
Mi juss fraid a mi bad-breed nephew
A call fi beg mi sen 'im some money

Mi doan knoah who gi 'im mi numba
Tomorrow a gwine call the phone company
Mek dem tek dis numba an change it
Far, 'im nuh avv nuh emergency

Laas year 'im call mi late wan night
'Ear 'im, "Auntie, mi gat a new baby
But mi an mi girlfren nuh avv nuh wuk
Yuh avv anyting small can sen fi wi?"

Is wah dis mi get miself inna right now?
Dem tink money grow ova yah pan tree?
A wanda ef dem knoah how haad it is
Fi earn wan dalla inna dis yah country

Wen snow fall an di place cole an wet
A inna fi mi bed mi woulda like fi stay
But mi haffi bungle up an leave mi yaad
Mi haffi tun up a mi wukplace same way

Mi tyad fi tell 'im fi guh look fi some wuk
Evry mont 'im avv nuff bills fi pay
An now 'im add anadda mout fi feed
Lawd, help mi a haffi pray night an day

Dis a di laas time mi a sen 'im anyting
Mi too soffy soffy an gladdy gladdy fi give
A gwine change mi telephone numba
An si how 'im an 'im girlfren gwine guh live

Mi wi' fine smaddy else fi help
Some fambily memba wid some ambition
Smaddy who waan fi bi smaddy
An nat 'im who a play pan mi emotion

Mr. Always Late

A wah wrang wid Amy son doah, sah?
Evryweh di bwoy guh 'im tun up late
'Im nuh knoah seh 'ere inna Canada
Late-coming can determine yuh fate

Fram di bwoy did deh inna Jamaica
'Im was di laas wan fi ready fi school
Is a wanda 'im did study an learn anyting
Is a wanda 'im nevva tun out fool fool

'Im leff calidge an get wan nice likkle jab
Wan owa drive fi get deh fram 'im yaad
An evry mawnin' 'im wake up late an seh
"Yuh nuh knoah fi wake up early is very haad"

Amy seh, "Son, give yuhself a challenge
Try reach early fi four weeks straight
Show dem seh yuh can duh betta dan dat
An yuh nuh haffi always tun up late"

Yuh knoah di bwoy git up an reach pan time
But 'im earliness nevva laas fi very lang
'Im get di award fi employee fi di mont
Den 'im slip right back inna di wrang

Amy tell 'im a Gad grace a kip 'im deh
'Im shouda tank Gad it nuh stap an run out
Far, ef a did any adda place 'im did deh a wuk
Lang, lang time dem woulda tun 'im out

Fi save face an utta embarrassment
Di bwoy resign an guh siddung a 'im yaad
'Im seh 'im a guh use 'im Gad-given talent
Fi teach music pan piano cyaan bi very haad

So 'im leff di jab an a teach music
But di likkle money kinda mek tings rough
Now 'im a avv trouble fi fine a new jab
Far, any place 'im si wuk nuh near enough

'Im seh 'im nuh waan fi drive guh too far
'Im seh 'im nuh waan nuh jab fi wuk a night
Tank Gad 'im avv 'im madda Amy
Fi tek care a 'im till 'im fine someting right

Even a church di time a cause likkle trouble
To dem, 'im is dem very special musician
Play piano fi two service pan Sunday
But 'im lateness a disturb dem evry plan

Amy tell 'im fi talk to di music pastor
Mek shi knoah 'im cyaan reach fi nine
'Im wi' ongle play fi di eleven a'clack service
Dat is di time weh suit 'im fine

But Amy nuh give up pan har wan son
'Im Sunday School teacha did tell 'im seh
"Man can always late fi 'im wedding
But a 'im funeral a di body fuss di deh"

Een Canada, when dem seh nine a'clack
Is nat nine thirty ar ten fifteen
Suh yuh try nuh tun up yuh Jamaican time
Ar evryting wi done pan yuh clean clean

Noh Free Parking nuh Deh

Suh, ef mi waan fi park fi two owas
A two dalla mi haffi guh pay
And ef mi drop eight dallas inna di machine
Mi can park fi di whole lang day

Di ongle place mi si free parking
Is when mi visit di shopping mall
Any adda place mi guh stay anytime
Noh free parking nuh deh deh at all

Tek di haaspital dem fi example
Wedda yuh a visita ar yuh a patient
Yuh betta avv yuh money ready fi pay
Yuh cyaan owe dem wan red cent

Di fuss time mi haffi guh a haaspital
Tank Gad it was noh emergency case
Far, 'bout tree ar four time mi circle di entrance
Fi si ongle parking meter fi evry space

Why wi haffi pay pan haaspital grung?
Dat shoulda free fi evrybaddy
Far, wi done stress from sickness pan wiself
Ar from visit to fren ar fambily

All people who guh a calidge fi improve demself
Sometimes can barely afford tuition fee
Ef dem drive wan car fi park all day
Nat wan parking space deh dere free

When mi did a guh calidge inna Jamaica
Nat wan day mi pay any parking fee
Two ar tree years nuhbaddy nuh charge mi
Mi park free all anda mango tree

Wi pay taxes fi maintain school an haaspital
Dem nuh fraid fi tek it fram evry dalla wi earn
Yuh cyaan hide from taxes any time at all
Far, yuh muss an boun' fi file tax return

Suh mi haffi gwaan pay fi all di parking
Wedda mi like it ar wedda nat
Until smaddy inna politics change it
An set up nuff more free parking lat

Palliative Auto Care

When mi staat fi wuk inna Canada
Fi tek di bus did tek too much time
Suh mi staat look tru all di car book dem
Fi si wah kinda car mi like an coulda fine

Suh mi buy wan car inna two thousand an two
An by di time mi reach two thousand an seven
Evryting staat fi bruk dung an waan fi change
Window an door naa seven nar eleven

Mi nevva get it straight inna mi 'ead seh
Di car done serve sixty months an almose seventy two
Is just like di age inna years fi man ar ooman
When dem wish all dem parts coulda bran new

Dem naa mek di car dem fi laas very lang
Yuh lucky ef yuh get tree years, maybe five
Far, afta dat dem staat behave like dem sick
An nuh avv much langa fi stay alive

Suh di car staat fi caaf, rack an sputter
All kine a light a show pan di dash boad
Den afta di mechanic done wuk pan all a dat
Di car decide fi shut aff inna traffic pan di road

Suh di battery dead an mi haffi replace it
Ova di summa it get new alternator
Den when winta come it staat fi overheat
Far hice stick up pan di fan fi di radiator

When smaddy get ole an cyaan get well
Dacta put dem pan all kine a medication
Dem treat di symptoms but dem cyaan cure dem
Far, dem done avv a date af expiration

Same way di car dem a get ole an olda
Fi mechanic a fix an replace here an dere
Mi betta decide quick fi get wan new wan
Far, it expensive fi avv "Palliative Auto Care"

Pretty Pretty Autumn Leaves

Culla, culla, whole heap a cullas, nuff cullas
Dat is di way fi talk 'bout leaf een di fall
Far, when summa done an yuh look pan di tree dem
Evryting change for is autumn after all

All during di summa yuh a drive pass di tree dem
An all di leaf an grass look green green
But drive pan di same street when summa done
An di culla leaf dem is a beauty fi bi seen

Mi nevva si leaf wid suh much cullas before
Maybe few yellow wan weh drap aff pan grung
Tree leaf inna Jamaica did always look green
Ar dem brown when di tree dead ar chap dung

Gad a show wi 'Im masterpiece wid cullas
Fiyahry ahringe, deep purple, bright crimson an red
Leaf all shades a yellow heng awn pan di tree dem
A wait pan a breeze blow fi drap aff an dead

Nuff nuff tree inna yuh yaad ar pan yuh sidewalk
Mean yuh haffi avv yuh fancy leaf blower
For any big breeze blow pile up whole heap a leaf
Fi rake an clean up out-a-doah by the owa

Mi love si di pretty pretty culla leaf dem
Mi wish dem coulda stay all di time like dat
But it staat fi feel chilly an night come dung quick
Suh wi done knoah noh more complain 'bout it hat

Quick, grab wan digital camera an len mi
Mek mi captcha all a dis culla inna wan pitcha
Sen it to all mi Jamaican fren an fambily
Post pan Facebook an big up pan mi computa

Suh time fi tek out di swetta, jacket an coat dem
Clean up yuh boots, find di gloves, hat an sacks
Far, when di laas leaf drap aff an di tree bare
Mr. Winter, wid di cole, hice an snow will bi back

Remembering Mango Time

Mi a come home pan di bus wan Friday evenin'
An di ongle ting dat did deh pan mi mine
Is fi siddung wid a basin full a nuff nuff mango
An mi mean all di nice an real Jamaican kine

A muss mango time inna Jamaica cause
Mi nuh knoah how dis feeling juss come ova mi
After all dem years mi inna Canada
All di smell an tase dem still inna mi baddy

A feel fi a nice fine skin Black Mango
Ar even a Stringy would bi quite ahright
Any mango mi can fine fi buy right now
Mi wi' siddung an eat fi satisfy mi appetite

Suh mi plan fi stap a di supermarket
Cause ef a di Ataulfo is all mi can fine
Mi wi' buy dat since mi cyaan duh noh betta
An mi knoah dat dem nuh avv noh adda kine

Suh mi stap an buy mi two likkle mango
An tek mi time an gwaan pan mi way home
Den when mi staat fi eat di fuss wan a dem
Because a inna di night mi mine juss staat fi roam

Mi mine guh staat fi memba mi faada
Who woulda ongle eat 'im mango inna di night
'Im seh 'im nuh waan fi si noh maggish
Dis way 'im eat evryting an feel ahright

Den mi memba when mi did live a Mona an Meddabrook
An mango tree inna evrybaddy yaad pan fi mi street
Some teifing-smaddy woulda pick dem before dem ripe
An wi coulda nevva fine even wan green wan fi eat

An a memba oomuch pickney guh home wid buss 'ead
An coulda nevva even open dem mout fi explain ar even talk
Far, dem done knoah dem a guh get a good piece a beatin'
Fi leff school an gawn fling stone a mango walk

As mi eat mi staat fi wanda 'bout di supermarket
Mi nuh knoah weh dem get dem deh mango fram
Dem nuh always sweet an dem nuh always ripe
An fram di tase yuh nuh knoah wah yuh a nyam

Di West Indian store dem usually carry someting different
But dem nuh always near an inna mi way
So mi wi' satisfy wid mi two Ataulfo weh mi get
An try dem deh shap some adda day

Suh wah kine a mango was fi yuh favourite?
A bet yuh nuh even memba some a dem name
An since fi mi parish different fram fi yuh parish
What wi call dem is juss nat always di same

Like Sweetie Mango, Long Mango, an Turpentine
Memba di Banana Mango, Robin an di Hayden?
Cow Foot, East Indian, Julie ar Kidney Mango
Beefy Mango, Bombay, Bastard an Number Eleven?

It nuh matta wah name yuh use fi call it
Dem deh was mango yuh always waan fi eat
So mi wi' gwaan wid di wan wan Ataulfo
Far, Julie ar East Indian nuh sell out a dem yah street

Respect Pan Public Transit

Mi decide fi travel pan di public transit all summa
An some a di tings mi si nevva look too too nice
Some young people nuh avv respect fi age an public prappaty
Anyting dem waan fi duh look like what will suffice

Fuss ting yuh notice when yuh a wait a di bus stap
Is dat nuhbaddy nuh stan inna line anymore
Di whole a dem bungle up like a herd a cattle
An as di bus come dem crowd di bus door

Den, ef yuh waan fi move dung inna di bus towards di back
Dem cyaan 'ear yuh a ask fi pass an a beg likkle excuse
Far, dem aise plug up wid all kind a length an colour cord
Mek dem look like a bomb done wire wid whole heap a fuse

Suh ef yuh get fi siddung, ready fi read ar relax an sleep
Yuh staat fi 'ear nuff talk pan all di cell phone
Almose evrybady avv somebaddy a call dem ar fi dem call
An nuh realize dem nuh deh pan di bus all alone

Dem guh aff inna all mannah a convasayshan
Dem sound like dem figet altogedda which part dem deh
An all dem deh things dat some a dem choose fi talk 'bout
Nuhbaddy pan di bus shoulda 'ear wah dem a seh

Wan time mi si dis man look like 'im nevva care
Suh 'im lean back, staat fi talk an put up 'im feet
Look like 'im did think 'im inna 'im living room
Far, 'im sprawl out suh nuhbaddy coulda occupy di nex seat

Anadda time, dis young lady shi occupy two seat
Far, beside har was a suitcase an some bag an pan
A little lady ask, "Miss, may I have this seat?" an shi ansa
Widout di bat af a yai, "Oh, well go ahead and sit if you can"

Sometimes it look like dem conscience a ride dem
Far, dem siddung an won't even tek a look
Ef wan ole smaddy just waan dem fi awfa up dem seat
Suh dem 'ead dung pan dem phone ar dem tek out a book

Fi dem come aff a di bus is quite an amusement
Dem a draw di string ten time fi ring di bell
Dat did done ring an dem nevva 'ear far dem aise cork up
An dem nuh si di stap request sign light up fi show-an-tell

Den don't talk 'bout di mess dat dem leave behine
Far, same place dem siddung a same place dem eat
An when dem ready fi come aff a dem bus stap
Dem leff di garbage right deh pan di grung ar pan di seat

Mi haffi wanda ef dem cyaan read ar dem nuh andastan
Far, it clearly mark a di front, "Exit at the rear door"
Mose a dem walk fram di back come all di way a di front
Suh who waan fi come een haffi wait pan dem likkle more

Yuh knoah tings really gone bad wid young people fi true
When pan di bus yuh si wan standing ole lady ar a baby-madda
Dere is noh respect fi infirmity, pregnancy ar di eldally
An all dem care 'bout is demself an nat even wan anadda

Sadness Tun Gladness

A funeral is a very sad ting
Nuhbaddy nevva glad fi avv dat yet
Is dat bring mi back to Jamaica
Yes, it was mi madda's det

Mi did plan a trip fi guh si har
Yes, wan more time before shi guh home
But, Gad had anadda plan een mine fi har
Shi nevva did hole awn till mi come

Anyway, dat funeral did really please mi
It was a big an massive crowd
Mi was please fi 'ear all di praises
All di tings dem seh mek mi proud

Mi madda did raise wi well, yuh know
All a wi tun out to someting
Evrybaddy say wi did well brought up, mi dear
Nat wan disgrace wi did bring

Suh mi trip was nat all a sad wan
Mi had a good time, mi had some fun
Feed pan breadfruit, nuff ackee an saltfish
Drink June plum juice an eat run dung

Den mi sista-in-law who run a cook shap
Right acrass di road juss up di beach
Mek sure mi was nevva, nevva hungry
Nat wan night ar day fram mi reach

Ef is wan ting come out a dat visit
I learn fi mek di bess tasting fry dumplin'
An fram mi land back inna Canada
Evry party a guh is dat mi mek an bring

Wan a mi fren husban 'im guh tase it
And bawl out, "Lawd, what a dumplin' sweet!"
An all di call shi deh call an ask mi fi ressipee
Mi tell har is fi har dumpling 'im muss eat

Yes, it was a very sad occasian
And mi really miss mi madda
But mi was glad fi si suh much fambily
Now wah wi duh is kip een touch wid eachadda

Springtime an Gardening

What a beauty fi behole
When winta done an snow stap fall
When grass tun green an flowas bloom
An all kinda insect staat fi crawl

Now a di time fi walk an look
Far, di earthworm dem out pan evry paat
Mi nevva si earthworm big suh before now
Fi look pan dem tek a very strong haat

Is a good ting mi also avv intelligence
Far, mi knoah seh dem deh sinting a nuh snake
Dem pink an saaf an easy fi dead
An when sun hat dem look like dem done bake

Snow done melt and di groun' get soggy
All di dutty snow weh look like mud
Gawn from di roadside an all di car dem
An di tree dem juss ready fi put out bud

Soon all tings look bright an beautiful
Evrybaddy lawn look nice an green
Leaf staat fi grow back pan all di tree dem
An di place look like Gad wash it clean

Ef yuh a gardener, yuh garden muss ready
Wedda a flowas, vegetable ar just plain tree
An people like mi haffi staat fi wanda
Wah mi can plant fi create some beauty

Mi nuh too good wid di flowas name dem
Mi knoah hosta, sunflowas, an black-eye Susan
Mi knoah rose plant an some kine a lily
But a ongle vegetable inna fi mi garden plan

Laas year mi did plant some callaloo
Right pan mi porch inna two flowas pat
Mi wata dem an watch dem grow
An two time mi cut an eat fram dat

So a di backyard weh nuhbaddy can si
Mi wi' set up mi vegetable bed
An ef mi waan di front yaad fi look pretty
Mi set up lawn an plant flowas instead

Springtime inna Canada pretty fi true
Is like evry tree sen out pretty flowas
Inna winta all a dem did look suh dead
Now dem a show such beautiful cullas

What a beauty fi behole
Springtime deh 'ere at last
Mi juss haffi drap aff mi winta layas
An enjoy di beauty till it pass

Street Names an Pronunciations

Since mi come fi live inna dis Canada
Some street name leave mi quite confuse
For, ef mi was still inna Jamaica
Fi live yah suh, mi woulda refuse

Mi fine Rattlesnake Road, Falling Rock an Bagshot Gate
Dragon Tree Crescent an Lionshead Lookout
But some nice wan like Mount Pleasant is dere
I look dem up, trust mi dem deh 'bout

Ef mi did deh back inna mi country
Some place mi woulda nevva guh cause a di name
But nat suh inna dis part a Canada
Nuhbaddy nuh bizniz evryweh is juss di same

Tek a visit out Brampton West, far example
Yuh avv Fletcher's Creek and Meadow but nat Fletcher's Land
Try visit Fletcha's lan inna fi wi Jamaica
Yuh might juss meet wan ar two badman

Mi bess fren muss bi very, very happy
Far, weh shi live dem nicely call, "Court"
An fi many a wi upscale Jamaicans
Is ongle Avenue, Boulevard ar Crescent wi support

Nuh give wi anyting weh name "Corner" ar "Lane"
Dat is fi shanty town ar some back-a-wall
What a pitcha wi woulda paint to fren an fambily
Fi sen wi address wid dem deh name, any at all

Mose people who bawn 'ere inna Canada
Words an names is noh badda to dem
Is wi who migrate an come live yah
Is wi having all di word problem

Dat street weh wi church set up pan
B-r-a-m-a-l-e-a to dem is "Bramlee"
Nat Bram-a-li-a, dem drap di miggle
Juss like how a nuh Ching-gua-cou-zee

Wan more ting, yuh tink di alphabet here different
Dem mix up dem "t" an call it "d"
So is "fordy," "What's the 'madder'?", "Have some 'budder'"
Well mi gawn, "Led's" go have a "hod" cup a "dea"

Tun yuh Han an Mek Fashan

Inna Jamaica wi tek shif an mek shut
Ar wi knoah fi tun wi han an mek fashan
Wi are a very talented an creative people
Suh 'ear how Betty live out dis expreshan

Laas year shi haffi guh a wan fortieth anniversary
An fi di big celebration dinner night
Dem ask dat all who attend the celebration dinner
Dress up inna any mix-up mix-up af red, black ar white

Dem seh is black tie affair, evryting muss bi formal
An har bess black dress cyaan fit har nuh more
Is a gown shi haffi guh fine fi di occasian
An shi muss admit shi much rounda dan before

But when shi look inna har bedroom an closet
Wan ting juss stan out inna har mine
Dat red Chrismus curtain shi avv a di winda
Juss look like a frack fram it woulda stan out fine

Evryday shi step inna di bedroom an si it
Evryday fi a week shi examine it an smile
Dis is a nice piece a shiny shiny red linen
Shi avv di perfect pattern an perfect style

Suh wan Satdeh shi tek dung di curtain
An fraid fi wash it less di fabric wash out
Cut out di dress wan size bigger dan sixteen
Far, dat is di size shi nevva did grow out

Done stitch up di frack an try it awn, mi dear
Ef shi did put een zippa shi coulda nevva breed
Suh shi haffi let out back some a di stitchin'
Suh dat way it coulda fit wid a likkle ease

Frack done mek an zippa put een
Celebration come an shi wear it dat night
All har co-workers done knoah a shi did mek it
Nat wan smaddy seh it did even look tight

Dem nevva know is har curtain shi did tek dung
Nuff people compliment har how it did look fine
Ef shi nevva tell mi, yuh wouldn't did knoah eida
Betty tun han an mek fashan wid har creative mine

Visiting Jamaica

Laas year mi did guh visit Jamaica
An dis year mi woulda really like fi guh back
But evry lang-time smaddy yuh buck up pan
Ask ef yuh did memba dem when yuh did a pack

Dem ask yuh how yuh duh, ef yuh well
Aldoah dem a wait patiently juss fi 'ear
A wah bran shoes yuh bring dis time fi dem
Ar wah dem can borrow ar tek weh fi wear

Laas time mi carry two jean pants fi mi niece dem
Di bwoy pickney dem get T-shirt an sacks
Mi bring soap, toilet paper, towel an sheet set
An dem did beg lightswitch an two door lacks

A wanda wah dem a guh ask mi fi bring dis time
Ar a wanda weh mi shoulda really stay
Yuh tink mi shoulda hide from all a dem
An book wan all-inclusive hotel holiday

Mi 'ear seh wan nice new hotel open up
Dung between Ocho Rios an Mantego Bay
A betta look inna di price fi stay deh suh
Before mi a try an hide away

Mi nuh waan offend nuh fren ar fambily
Is a joy fi si how wi Jamaicans stay
Fram dem knoah yuh a come fram foreign
Dem a look out fi yuh een some way

Wan neighbah wi' gi yuh two breadfruit
Wan may affa yuh some ackee fi buy
Ef a mango season yuh wi' get few mango
An fish fi tek wid yuh smaddy wi' fry

Mi nuh plan fi guh back deh guh live doah
Mi wi' visit as often as mi can
Mi really love di life inna Canada
Suh mi wi gwaan live like real Canadian

Weh di Jab dem Deh?

Suh Mary husband, Tom, gawn back to Jamaica
Yes, 'im fly gawn just di adda day
'Im seh tings naa wuk out fi 'im 'ere
No, tings juss naa guh fi 'im way

Wan year now 'im inna dis country
Sen out dozens a résumé an application
Siddung inna nuff nuff interview ongle fi 'ear
"You have no Canadian experience or qualification"

'Im seh when 'im did apply fi come inna Canada
Dem did seh fi get a jab may tek a good while
But 'im nevva plan fi come siddung fi wan whole year
Unemployed an bruk packet is nat fi 'im style

Dem waant 'im fi staat all ova fram di bottom
Fi guh flip burgas ar wuk pan assembly line
All dem years 'im study an graduate fram University
Fi wuk inna warehouse is all 'im can fine

Nuff a 'im fren dem did migrate 'bout di same time
Some a architect, lawyer, accountant an engineer
An noh jab nuh deh inna Canada fi nuff a dem
Dem haffi a look all kinda tings fi duh anywhere

Mi did tell 'im fi avv likkle patience
Duh as dem seh an guh back to school
Sometime yuh haffi try duh tings fi dem way
Hold awn likkle bit an play by dem rule

Look pan John who was bigtime executive
A factory 'im did deh a wuk evry night
But 'im study again an get re-qualified
Now 'im avv a big jab dat is juss right

Is a good ting when Tom did leff Jamaica
'Im nevva did tek stone an trow backka 'im
Or else weh 'im woulda pack up an guh back to now
'Im whole chances woulda very, very dim

Di wife fine a good jab shi can always stay
Di pickney dem already staat inna school
Suh back to 'im ole jab inna Jamaica 'im gawn
Him nuh stay yah an tun nuhbaddy footstool

When yuh get fi live inna wan new country
Evryting nuh always good from di staat
Suh try sekkle dung an duh wah yuh can duh
Till you get fi duh di ting you really waant

Weh di Track-an-Field Athletics?

Track an field a fi mi favourite sport
An mi nuh si dat pan dis yah TV
Evry channel mi fine naa show mi dat
A so-so curling, NFL an hice hackey

Mi love when a summa Olympics
Dat is wah mek mi happy an fill mi haat
Mi juss love fi si mi JA track star dem
A line up before any race staat

Laas time when Bolt a guh run di two hundred
Mi did deh a dacta siddung pan a chair
It nevva mek sense mi did kip di apintment
Far, fi mi mine did deh far far fram dere

When di dacta done, mi did haffi reach mi affice
But mi woulda haffi drive too faas fi ketch di race
Suh mi tun back an 'ead straight fi mi house
Far, dat nevva tek noh illegal pace

Now di excitement done an gawn wid Olympics
Den World Championship juss stir up mi appetite
All mi tink 'bout is Jamaican track season
An how boys an girls Champs now unite

January was di fuss track meet at Kirkvine
February, di stadium avv Field Events Day
By March wi off to di STETHS meet out West
An di same mont was Morant Bay Relay

But all dat muss change an tings mussi different
Wah happen to Mutual Games an First Life Relay?
Dem still avv prep an primary school Champs
Ar even Wolma's meet 'roun' Heroes Circle way?

Mi still lang fi si some good running
How much more years mi haffi gwaan wait
Summa Olympics, den World Championships
Mi pray Gad spare mi life fi si di nex date

Winta Blues

Yuh evva look pan pitcha inna magazine
Ar yuh guh si dem ole-time flim show
Wid people inna hat, gloves, boot an scarf
An di whole place white an full a snow

Don't yuh did tink di place look pretty
An yuh staat fi preten an even dream
How yuh woulda like fi dress up like dem deh people
An when yuh talk yuh mout a let aff steam

Well, mi was wan a dem bigtime dreamas
Longing fi walk inna snow an mek snowball
Till when mi come live inna dis Canada
An experience di fuss heavy snowfall

I nevva feel cole bite ar sting suh bad yet
Noh matta oomuch laya a close yuh wear
All di hat an gloves an scarf yuh avv awn
Cyaan seem fi mek yuh any warma, mi dear

Den yuh betta try mine yuh step an bi careful
Mek sure di boot yuh avv awn avv plenty grip
Far, ef hice deh pan de grung weh yuh a walk pan
Mi dear, yuh bung fi slide ar even slip

Ef yuh fraid yuh drap when yuh haffi walk
Try dis advice weh mi fren husband seh 'im duh
Full yuh jacket packet dem wid nuff nuff salt
An before yuh step dash it pan di grung before yuh

Ef yuh avv car an it park inna yuh garage
Snowfall ovanight mean shovelling nex day
Far, noh way yuh can get di car out pan di road
Till yuh done salt an clear yuh own driveway

Den yuh haffi look out fi di snowplow dem
Ef fi yuh street is wan weh dem haffi clean
Try drive out quick before dem drive pass yuh
Ar dem mek snowbank an block yuh een

Fresh clean snow look pretty fi real
Dreams af playing inna it did look like fun
Fi travel, walk an wuk inna it nuh nice
Mek yuh glad when winta come an winta done

Wintatime

Laas night was such a very cole night
Wi haffi tun awn di heat an guh lie dung
An when day break an mi look outta di winda
Di whole heap a snow juss covva di grung

Winta nuh fraid fi show 'im face to wi
Wedda wi like it ar wedda nat
Snow gwine fall when Gad waanti fi fall
An snowfall an hice is wah Canada gat

Mi put awn nuff laya a clothes mi dear
Sometimes tree ar four a mi usual style
Den when mi reach wuk before mi even staat
Fi peel aff di layas tek a good likkle while

Fi mi distance to wuk evryday, mi chyle
Langa dan Port Maria to downtown Kingston
But inna noh time dem yah road tek yuh deh
Yuh nuh avv nuh Junction kaahnah fi tun

It nuh easy fi drive inna snow at all
Yuh wi' slip an slide an brakes can fail
Who waan pass can gallang pass mi
Mi juss hole awn tight an crall lakka snail

Wi cyaan change di wedda to wah wi like
Doah wi woulda gladly preffa nuff nuff sun
A wi choose fi come live a dis yah country
So wi betta fine a way fi survive an get 'roun'

Selected Translations

Double Word Talking

Nuff people a talk 'bout fi wi talking
How it expressive an even musical at dat
Mose af all dem fine it funny ar jokey jokey
How wi double word talk when wi a chat chat

> Many people are talking about our way of talking
> How it is expressive and even musical at that
> Most of all they find it "jokey jokey" [very amusing]
> How we double word talk when we chit chat

Far example, ef yuh laas an ask fi direction
Ef yuh nat near near weh yuh waan fi guh
Den di place is nat juss juss 'roun' di kaahnah
Yuh avv far far more fram right deh suh

> For example, if you are lost and ask for directions
> If you are not "near near" [very close] to where you want to go
> Then your destination is not "just just" [right] around the corner
> You have "far far" more to go as you now know

When smaddy beggy beggy an ask fi sinting
Nuh badda han dem wan ar ongle two
Is nuff nuff more dan dat dem waan fram yuh
Far, wan wan af anyting is juss too few

> When somebody is "beggy beggy" and asks for something
> Don't bother to give them one or only two
> They want "plenty plenty" more than that from you
> As only "one one" of anything is just too few

Wi love nice close wid plenty plenty colours
But wi nuh like it fi bi too bright bright
Ar else wi tink it too pretty pretty fi wear
An dash it weh, far, it nuh look too too right

> We love our clothing with "many many" colours
> But that does not mean they should be "bright bright" [too bright]
> Or we would think they are too "pretty pretty" [too loud] to wear
> And toss them away as they do not seem "too too" right

Even when wi shaaten wi pickney dem name
Ef is Shaniece wi call har Shan Shan
And ef wi call di bwoy pickney Ry Ry
Den 'im rightful name is surely Ryan

> Even when we select nicknames for our children
> Shaniece is shortened and becomes "Shan Shan"
> And if the short form for a boy is "Ry Ry"
> Then we know his real name is Ryan

An pickney weh shed tears as yuh touch dem
Too bawly bawly an easy fi cry cry
An ef dem nuh chatty chatty wid evrybaddy
Wi seh leff dem a suh dem shy shy

> And children who shed tears as often as you scold them
> Are too "bawly bawly" [sensitive] and tagged as "cry cry" [cries easily]
> If they are not friendly and talkative with others
> We say, "Let them be, they are simply 'shy shy'"

Wi bwoy pickney nuh fi avv too much girl fren
'Im fi sekkle dung an nat bi girly girly
Nice young ladies nuh fi love man man
Dat is ungadly an too worlly worlly

> We do not want our boy children to have many girl friends
> They should settle down and not be "girly girly"
> Nice young ladies should not entertain "man man" [men] too much
> That is ungodly and very "worldly worldly"

Even when wi talk 'bout some a wi food
Dem haffi come straight straight from di pot
Lemonade an wata haffi serve cold cold
Soup an tea haffi serve hot hot

> Even when we talk about the foods we eat
> They have to come "straight straight" [right] from the pot
> Lemonade and water have to be served "cold cold" [well-chilled]
> Soups and tea have to be served "hot hot" [very hot]

Den when wi done cook wi haffi scowa scowa di pat
An wi all knoah good good juss wah dat mean
When wi look pan it afta it done wash
It muss a dazzle an look clean clean

> When we are finished cooking we have to "scour scour" the pot
> And we all know "good good" [very well] what that means
> When we examine the pot after it's been washed
> It should be dazzling and look "clean clean' [sparkling clean]

A wanda weh wi inherit di double word talk fram
A wanda ef a fram England ar Africa
Dat kine a talk a nuh di Queen's English
Dat is improper gramma an mostly patois

> I wonder where we inherited the double word talk from
> I wonder if it was from the British or from Mother Africa
> That kind of talk is not the Queen's English
> It is improper grammar and mostly patois

When adda people talk dem woulda use di word "very"
Fi mek yuh know is to a high degree
Wi love fi express an fi emphasize een wi talking
An di double word talk is wah wuk fi wi

> Other nations, in talking, would use the word "very"
> To let you know something is to a high degree
> We love to express and emphasize in our talking
> And the double word talk is what works best for me

Veronica Green

Mannahs Pan di Jab
Manners at the Workplace

Dere is wan saying, "Mannahs goeth a far way"
Anadda wan is, "Mannahs maketh a man"
Yet, still some kind a Canadian mannahs an behavia
A give mi a haad time fi andastan

    There is an old saying, "Manners go a far way"
    And there is another which says, "Manners make a man"
    Yet, still some kind of workplace manners and behaviour
    Are giving me a very hard time to understand

Wan mawnin' dem greet yuh oh suh nicely
Nex mawnin' dem pass yuh like yuh nuh exiss
Den, ef yuh buck dem up ten time inna di day
Is ten "hi" like yuh juss come inna di affice

    Some mornings a staff member will greet you
    The next morning they pass you by as if you do not exist
    Then, if you meet up ten times in the day
    They say "hi" each time as if you have only just arrived in the office

Den, dem nuh fraid fi ask yuh any question
Even doah mi tink a faas dem very very faas
Far, a nuh evrybaddy mi tell mi life story
An ef mi nuh feel fi chat den noh badda yuh ask

    Then, they are not afraid to ask you any questions
    Some of which I think is more than just genuine curiosity
    And I do not wish to tell my life story to all
    And if I do not feel like divulging, then why bother ask me?

Dere is always, "Did you have a nice weekend?"
Is nat, "Good morning" ar, "How do you do?"
An ef di ansa is "yes" ar wedda is "no"
Di follow up is, "So what did you do?"

> There is always the question, "Did you have a nice weekend?"
> Without them saying, "Good Morning" or, "How do you do?'
> And before you can say "yes" or even "no"
> Out comes the next question, "So what did you do?"

Ef is faas dem faas ar trying to bi nice
Mi nevva sure suh mi always seh, "Oh, it was fine"
An when di, "So what did you do?" come out a di mout
Mi ready wid di ansa, "Same as all di time"

> I am still not sure if they are being genuinely nice or nosy
> So I will politely answer, "Oh it was fine"
> And I am always prepared for the, "What did you do?"
> As my answer is always, "Same as all the time"

Lunchtime, dem always waan fi knoah
"What are you eating? Is it a speciality dish?"
Yuh tink mi avv time fi name all a mi food dem
Like mi dumpling, plantain, ackee an saltfish?

> At lunchtime, they need to know what you are eating
> They ask, "Is that a speciality dish?"
> I really do not have the time to name them all
> Like my dumplings, plantain, ackee and saltfish

Sometimes fram di way dem ask di question
Yuh knoah dem waan yuh fi offa wan likkle tase
But di way dem allergic to all kine a tings
Dat is wan problem mi naa waan fi haffi face

> Sometimes, from the way they ask the question
> You know they want you to offer them a little taste
> But the way they are allergic to all kinds of things
> That is a problem I do not want to have to face

Figet mi lunch wan day an hungry like dawg
Suh mi decide fi guh buy lunch out di street
Carry mi scandal fi hide wah mi buy a di place
'Ear wan lady, "So what did you get to eat?"

> I forgot my lunch one day and was so very hungry
> So I went to buy lunch at a diner down the street
> Wrapped it neatly so no one could see what I bought
> Only to hear a question, "So what did you get to eat?"

Mi dear, di ooman ben ova like shi ready fi peep
Inna mi bag weh mi a try very haad fi hide
Den all kind a answer pass tru mi mine fi tell har
But a juss seh, "When I open it, you will see what's inside"

> My dear, the person bent over as if she was ready to peek
> In my bag with the lunch that I tried so hard to hide
> So many things flashed through my mind to answer
> I could only say, "When I open it, you will see what's inside"

A nuh evryting good fi eat good fi talk
Wi people seh, "Howdy an tenky nuh bruk nuh square"
Mi nuh antisocial ar unkind, mi is a nice smaddy
But dem deh mannahs mi juss nuh andastan, mi dear

> Not all that is good to eat is good to talk about
> We say, "Howdy an tenky nuh bruk nuh square"
> ["Hello" and "Thank you" doesn't hurt anyone]
> I am not unkind, I have manners and I am very polite
> But some workplace manners I still do not understand

Weh di Jab dem Deh?
Where are all the Good Jobs?

Suh Mary husband, Tom, gawn back to Jamaica
Yes, 'im flight gawn just di adda day
'Im seh tings naa wuk out fi 'im 'ere
No, tings juss naa guh fi 'im way

> So Mary's husband is gone back home to Jamaica
> He flew back home just the other day
> He said things are not working out for him here in Canada
> No, things are just not going his way

Wan year now 'im inna dis country
Sen out dozens a résumé an application
Siddung inna nuff nuff interview ongle fi 'ear
"You have no Canadian experience or qualification"

> It's been one year now he has been in this country
> He has sent out dozens of resumes and job applications
> Sat in so many interviews only to be told
> "You have no Canadian experience or qualifications"

'Im seh when 'im did apply fi come inna Canada
Dem did seh fi get a jab may tek a good while
But 'im nevva plan fi come siddung fi wan whole year
Unemployed an bruk packet is nat fi 'im style

> He said when he applied to migrate to Canada
> They said to find a good job may take a little while
> But he never planned to be sitting down for one whole year
> Being unemployed and broke is not his style

Dem waant 'im fi staat all ova fram di bottom
Fi guh flip burgas ar wuk pan assembly line
All dem years 'im study an graduate fram University
Fi wuk inna warehouse is all 'im can fine

    They wanted him to start all over from the bottom
    To go flip burghers or work on an assembly line
    Despite all the years he studied and graduated from University
    Work in a warehouse is all he can find

Nuff a 'im fren dem did migrate 'bout di same time
Some a architect, lawyer, accountant an engineer
An noh jab nuh deh inna Canada fi nuff a dem
Dem haffi a look all kinda tings fi duh anywhere

    Many of his friends who migrated about the same time
    Some architects, lawyers, accountants or engineers
    There were no jobs here in Canada awaiting them
    They had to look for all kinds of things to do anywhere

Mi did tell 'im fi avv likkle patience
Duh as dem seh an guh back to school
Sometime yuh haffi try duh tings fi dem way
Hold awn likkle bit an play by dem rule

    I told him to try and have a little patience
    Do as they suggested and go back to school
    Sometimes you have to try things their way
    Hold on a little and play by their rule

Look pan John who was bigtime executive
A factory 'im did deh a wuk evry night
But 'im study again an get re-qualified
Now 'im avv a big jab dat is juss right

> Look at John who was a bigtime executive
> He was in a factory working every night
> He went back to study and got requalified
> Now he has a big job that is just right

Is a good ting when Tom did leff Jamaica
'Im nevva did tek stone an trow backka 'im
Or else weh 'im woulda pack up an guh back to now
'Im whole chances woulda very, very dim

> It was a good thing when Tom left Jamaica
> He had not "taken a stone and thrown behind him"
> Or else what would he have to pack up and return to?
> His chances would have been quite dim

Di wife fine a good jab shi can always stay
Di pickney dem already staat inna school
Suh back to 'im ole jab inna Jamaica 'im gawn
Him nuh stay yah an tun nuhbaddy footstool

> Mary has found a good job and she will stay
> The children were already settled in school
> But he has gone back to his old job in Jamaica
> He will not stay here and become a footstool

When yuh get fi live inna wan new country
Evryting nuh always good from di staat
Suh try sekkle dung an duh wah yuh can duh
Till you get fi duh di ting you really waant

> When you migrate and are living in a new country
> Everything is not always perfect from the start
> You have to try and settle with what you can find to do
> Until you get to do what you really want

Glossary

This is not an exhaustive list of the
words and expressions used in this book.
For any unexplained words, reference can be
made to other books written about
the Jamaican dialect.

A

A	-	I
a	-	are, at, for, is, it is, of, to
a'clack	-	o'clock
acrass	-	across
adda	-	other
af	-	of
aff	-	off
affice	-	office
afta	-	after
ahreddy	-	already
ahright	-	alright
aise	-	ears
an	-	and
anadda	-	another
anda	-	under
andaneat	-	underneath
andastan	-	understand
ansa	-	answer
apintment	-	appointment
ar	-	or
attenshan	-	attention
avv	-	have
awn	-	on

B

backka	-	behind
badda	-	bother
baddy	-	body
bawl	-	cry
bawly bawly	-	prone to crying
bawn	-	born
behavia	-	behaviour

behole	-	behold
bess	-	best
betta	-	better
bi	-	be
bizniz	-	business
'bout	-	about
bran	-	brand
bret	-	breath
bruk	-	break, broken
bungle	-	bundle
bwoy	-	boy

C

caaf	-	cough
calidge	-	college
cansidda	-	consider
chap	-	chop
chice	-	choice
Chrismus	-	Christmas
chyle	-	child
close	-	clothes
cole	-	cold
convasayshan	-	conversation
coulda	-	could have
crass	-	across
culcha	-	culture
culla	-	colour
cyaan	-	cannot

D

dacta	-	doctor
dalla	-	dollar
das	-	that is

dash	-	throw
dat	-	that
deh	-	is, there
dem	-	their, them, they
dem deh	-	those
den	-	then
dere	-	there
det	-	death
di	-	the
did deh	-	is there, was, was there
dis	-	this
doah	-	although, door, though
doan	-	do not
done	-	already, ended, finish, is finished
drap	-	drop
dreama	-	dreamer
duh	-	do
dung	-	down
dutty	-	dirty

E

'ear	-	hear
een	-	in
ef	-	if
eldally	-	elderly
'ere	-	here
evryting	-	everything
evva	-	ever
expreshan	-	expression

F

faada	-	father
faas	-	nosy

far	-	for
fi	-	for, to
fi yuh	-	for you, your, yours
figet	-	forget
fram	-	from

G

gal	-	girl
gal pickney	-	girl child
gallang	-	go along
gawn	-	gone
grung	-	ground
guh	-	go
gwaan	-	go on, going on
gwine	-	going to

J

| jab | - | job |

H

haaspital	-	hospital
haat	-	heart
haffi	-	have to
halta	-	halter
happy	-	keen, overly eager
har	-	her
hat	-	hot
hice	-	ice

I

infaamah	-	informer, spy, tattletale
inna	-	in, inside, into
is	-	it is

K

kaahnah	-	corner
kine	-	kind
kip	-	keep
knoah	-	know

L

laas	-	last, lost
lack	-	lock
lang	-	long
leff	-	leave, left
likkle	-	little

M

madda	-	mother
maggish	-	maggot
Mantego Bay	-	Montego Bay
matta	-	matter
mawnin'	-	morning
mi	-	I, me, my

mine	-	mind
mek	-	make
memba	-	remember
mose	-	most

N

naa	-	do not, does not, not, will not
nar	-	nor
nevva	-	never
nex	-	next
nuff	-	enough, plenty
nuff nuff	-	plenty
nuh	-	do not, does not, no, not
nuhbaddy	-	nobody
numba	-	number
nyam	-	eat

O

ole	-	old
ongle	-	only
ooman	-	woman
oomuch	-	how many, how much, so many, so much
oonoo	-	you (plural)
out-a-doah	-	exposed, gone to waste, "out the window"
ova	-	over
owa	-	hour

P

pan	-	on, upon
pickney	-	child, children
prappaty	-	property

R

rack	-	rock
ressipee	-	recipe
rung	-	around, round

S

saaf	-	soft
sah	-	sir
sarry	-	sorry
Satdeh	-	Saturday
seckan	-	second
seh	-	say
shaat	-	short
shap	-	shop
shi	-	she
shollda	-	shoulder
shoulda	-	should, should have
si	-	see
siddung	-	sit, sit down
sinting	-	something
sista	-	sister
smaddy	-	somebody
staat	-	start
stap	-	stop
strainja	-	stranger
suh	-	so
sympatty	-	sympathy

T

| tank | - | thank |
| tase | - | taste |

teif	-	steal, thief
teifing	-	stealing, thieving
ting	-	thing
tree	-	three
tun	-	turn

W

wah	-	what
wan	-	one
weh	-	away, that, what, where, which
winta	-	winter
Wolma's	-	Wolmer's (as in Wolmer's Boys' School and Wolmer's Girls' School)
woulda	-	would, would have
wuk	-	work
wukplace	-	workplace

Y

yaad	-	home, yard
yah	-	here
yai	-	eye
yuh	-	you

www.ingramcontent.com/pod-product-compliance
Lightning Source LLC
Chambersburg PA
CBHW062024040426
42447CB00010B/2126